Themen-Heft

Schmetterlinge

Inhaltsverzeichnis

Passend zu diesem Themenheft erhalten Sie eine **Animation** und **interaktive Angebote kostenlos** für die Kinder.

Einfach den QR-Code scannen.

Vorwort

Wer kennt sie nicht, die Geschichte von der kleinen Raupe Nimmersatt? Nach und nach frisst sie sich durch sämtliche Nahrungsmittel hindurch, von denen sie schließlich Bauchschmerzen bekommt. Sie verfällt in eine reglose Puppenruhe – bis plötzlich aus der Hülle ein schöner bunter Schmetterling schlüpft.
Die Geschichte ist (fast) allen Kindern bekannt – und eignet sich gut zum Einstieg in das Thema „Schmetterlinge“.
Schmetterlinge gehören zu den Insekten und ziehen die Kinder mit vielen faszinierenden Eigenschaften in ihren Bann: Ob farbenfrohe Muster auf ihren Flügeln, giftgrüne, stachelige Raupen, Facettenaugen, Saugrüssel & Co. – bei diesen besonderen Insekten gibt es jede Menge zu entdecken.
Hinzu kommt, dass die vier Entwicklungsstadien „Ei, Raupe, Puppe, Schmetterling“ einzigartig auf der Welt sind: Kein anderes Lebewesen wandelt seine Gestalt im Laufe seines Lebens stärker und häufiger als der Schmetterling.

Leider sind heutzutage viele Falterarten in der Natur selten geworden und stehen auf der Roten Liste gefährdeter Tiere. Die Ursachen dafür sind vielfältig: Die natürlichen Lebensräume, wie naturbelassene Wiesen, Wälder und Hecken, werden zunehmend zugunsten des Straßen- und Siedlungsbaus zerstört, Pflanzen werden mit Hilfe von Pestiziden in der Landwirtschaft vor Raupenfraß geschützt. In den meisten heimischen Gärten wird der Rasen oft kurz gehalten – und bietet somit Schmetterlingen keine Lebensgrundlage.
Dieses Themenheft geht allen wesentlichen Fragen rund um das Thema „Schmetterlinge“ auf den Grund. Die Kinder erwerben ein Basiswissen, auf dem sie in höheren Klassen aufbauen können.
Die Themenschwerpunkte „Schmetterlingsarten“, „Körperbau des Schmetterlings“, „Fortpflanzung“ und „Ernährung“ werden in drei unterschiedlichen Schwierigkeitsstufen angeboten. Sie sind durch Symbole (= leicht, = mittel, = schwer) gekennzeichnet. Diese Arbeitsblätter eignen sich gut zur inneren Differenzierung, für inklusiven Unterricht, verschiedene Jahrgangsstufen sowie als vorbereitende oder vertiefende Hausaufgabe. Im Anschluss an die Themenschwerpunkte finden Sie weitere Angebote zu dem Thema „Schmetterlinge“. In einer Lernzielkontrolle können die Kinder abschließend ihr erworbenes Wissen über Schmetterlinge testen (s. S. 26).

Ich wünsche Ihrer Klasse viel Spaß bei der Reise in die Welt der Schmetterlinge.

Teresa Zabori

Schmetterlinge

Hinweise

Allgemeine Infos über Schmetterlinge

Die unterschiedlichen Schmetterlingsarten sind stark auf bestimmte Futterpflanzen spezialisiert. Die Eier werden in der Regel auf einer solchen abgelegt, damit die Raupen nach dem Schlüpfen direkt mit dem Fressen beginnen können. Die Raupenphase ist das eigentliche Fressstadium, in dem die Tiere beträchtlich an Gewicht zulegen. Während der Verpuppung nehmen sie keine Nahrung auf. Schmetterlinge können nur flüssige Nahrung zu sich nehmen; hierbei handelt es sich in erster Linie um Blütennektar. Indem sie mit ihrem Saugrüssel den Nektar aus dem Blütenkelch saugen, bestäuben sie die Blüten. Manche Schmetterlingsarten nehmen allerdings als Falter gar keine Nahrung mehr auf.
Der Lebenszyklus eines Schmetterlings umfasst die vier Stadien Ei, Raupe, Puppe und Schmetterling. Bei den meisten Arten ist die letzte Phase relativ kurz; oft sterben die erwachsenen Falter einige Zeit nach der Eiablage.

Schmetterlinge züchten

Mit ein wenig Aufwand lassen sich Schmetterlinge auch in der Klasse züchten. Dafür benötigen Sie Eier der Tiere, die sich z. B. bei Händlern im Internet bestellen lassen. Beachten Sie dabei, dass viele heimische Arten unter Naturschutz stehen; bitte informieren Sie sich hierüber im Vorfeld sorgfältig.
In einem durchsichtigen Behälter können die Kinder die Entwicklung der Tiere vom Ei bis zum Falter beobachten. Zeitlich sollten Sie dies recht großzügig planen, denn bei den meisten Arten dauert dieser Vorgang ungefähr ein Jahr. Viele praktische (und auch rechtliche) Hinweise zur Aufzucht von Schmetterlingen in der Schule finden Sie z. B. auf der Website des Naturwissenschaftlichen Vereins Wuppertal e. V.:
www.naturwissenschaftlicher-verein-wuppertal.de → Entomologie → Schmetterlinge züchten und fördern: Schmetterlinge in der Schule

Hinweis zum Memospiel (s. Heftmitte)

In der Heftmitte finden Sie farbige Memospiel-Karten mit verschiedenen Raupen- und Schmetterlingsarten, die Sie ausschneiden und laminieren können. Mit Hilfe der farbigen Abbildungen können die Kinder die Ausmal-Aufgaben auf den einzelnen Arbeitsblättern lösen.

Internetadressen:

- *www.schmetterling-raupe.de*
- *www.naturwissenschaftlicher-verein-wuppertal.de* → Entomologie (Insektenkunde)
- *www.schmetterlinge-d.de/Lepi/EvidenceMap.aspx*

Vorschläge für die Gruppenarbeit

Schmetterlinge sind in der Regel allen Kindern bekannt. Zum Einstieg in das Thema bieten sich zum Beispiel die folgenden Möglichkeiten an:

- Erstellen einer Mindmap an der Tafel zum Thema
- Bild(er) von Schmetterling(en) an Wand projizieren („stummer Impuls“)

- Bild von Schmetterling auf Folie kopieren, einzelne Teile verdecken, die Abdeckung nach und nach entfernen. Die Kinder raten, was auf der Abbildung dargestellt ist und äußern ihre ersten Gedanken zu dem Bild.
- Bilder von Schmetterlingseiern, einer Raupe, einer Puppe und einem ausgewachsenen Falter auf Folie kopieren. Zuerst wird nur das Bild mit den Eiern auf den Overhead-Projektor gelegt. Die Kinder stellen Vermutungen an, um welches Tier es sich handeln könnte. Während es bei den Eiern noch viele Möglichkeiten gibt, werden diese bei dem nächsten Bild – der Raupe – stark eingeschränkt. Wenn ein Kind bei dem Raupen-Bild schon den Schmetterling errät, können Sie die Kinder fragen, ob sie wissen, was mit dem Schmetterling geschieht, ehe er ausgewachsen ist (er verpuppt sich). Zum Schluss werden alle vier Bilder nebeneinander auf den Overhead-Projektor gelegt und die Kinder erzählen, was sie schon über die verschiedenen Entwicklungsstadien von Schmetterlingen wissen.
- Die Kinder werden in Kleingruppen eingeteilt. Jeder Gruppe wird eine DIN-A3-Seite mit der Abbildung eines Schmetterlings ausgehändigt. Die Kinder malen oder notieren auf den Blättern ihre Gedanken zum Thema. Anschließend stellen sie diese in der Klasse vor.

Vorwort des Verlages

Liebe Lehrkraft,

mit dem **THemen-eft Schmetterlinge** aus der Themenheft-Reihe haben Sie eine Materialsammlung erworben, die Ihnen aufgrund des Aufbaus vielfältige Einsatzmöglichkeiten bietet:

- Einsatz als Themenheft, als Projekt oder auch als Werkstatt (durch die beigefügte Blanko-Auftragskarte)
- Fächerübergreifende Bearbeitung des Themas
- Arbeitsblätter zu den **Themenschwerpunkten** entsprechend Lehrplan Sachunterricht und Deutsch
- Dreifache Differenzierung dieser Arbeitsblätter
  - zur inneren Differenzierung
  - zur vorbereitenden oder vertiefenden Hausaufgabe
  - für verschiedene Jahrgangsstufen
  - für jahrgangsübergreifende Lerngruppen
  - für inklusiven Unterricht
- Die Reihenfolge der Themenschwerpunkte kann variiert werden.
- Weiterführendes Arbeiten über das Kernthema hinaus durch (nicht differenzierte) Arbeitsblätter zu **Zusatzthemen**

Zu Ihrer Arbeitserleichterung enthält dieses Heft:

- Einstiegsseiten für die Gruppenarbeit
- eine Lernzielkontrolle zur Überprüfung des erlernten Wissens der Kinder zum Thema
- einen Beurteilungsbogen zur Rückmeldung des Arbeitsverhaltens für die Kinder
- Farbseiten mit Bildkarten zum Thema
- digitales Zusatzmaterial

Wir wünschen Ihnen viel Erfolg bei der Arbeit mit dem Themenheft „Schmetterlinge“.

Ihr BVK Buch Verlag Kempen

RÜCKMELDUNG			
Liebe / r ______________________________ , so hast du beim Thema „Schmetterlinge“ gearbeitet:			
	🙂	😐	☹️
Du hast konzentriert gearbeitet.			
Du hast selbstständig gearbeitet.			
Du hast deine Arbeiten beendet.			
Du hast dich an Unterrichtsgesprächen beteiligt.			
Du hast deine Mappe in Ordnung gehalten.			
Kommentar:			

✂ ....

Auftragskarte zu Werkbereich

Schmetterlinge

Übersicht über die Themenschwerpunkte

Themenschwerpunkt	Schwierigkeitsgrad			
	einfach	mittel	schwer	Seite
Schmetterlingsarten	Das Tagpfauenauge	Wie heißen die Schmetterlinge?	Tagfalter und Nachtfalter	7
Körperbau des Schmetterlings	So sieht ein Schmetterling aus	Die Körperteile des Schmetterlings	Ein Schmetterling unter der Lupe	10
Fortpflanzung	Domino: Vom Ei zum Schmetterling	Das Leben des Schmetterlings	Die Entwicklung des Zitronenfalters	14
Ernährung	Was fressen Raupen und Schmetterlinge?	Raupen sind immer hungrig	Die Speisekarten von Raupen, Puppen und Schmetterlingen	17

Übersicht über die zusätzlichen Angebote

Lernangebote	Seite
Memospiel: Raupen und Schmetterlinge	
Wo leben Schmetterlinge?	20
Die Feinde der Raupen und Schmetterlinge	21
Schmetterlinge und Raupen – gut getarnt	22
Was machen Schmetterlinge im Winter?	23
Wie kannst du Schmetterlinge schützen?	24
Schmetterlinge malen	25
Lernzielkontrolle: Was hast du behalten?	26

Name: ______________________________ Datum: ______________

Das Tagpfauenauge

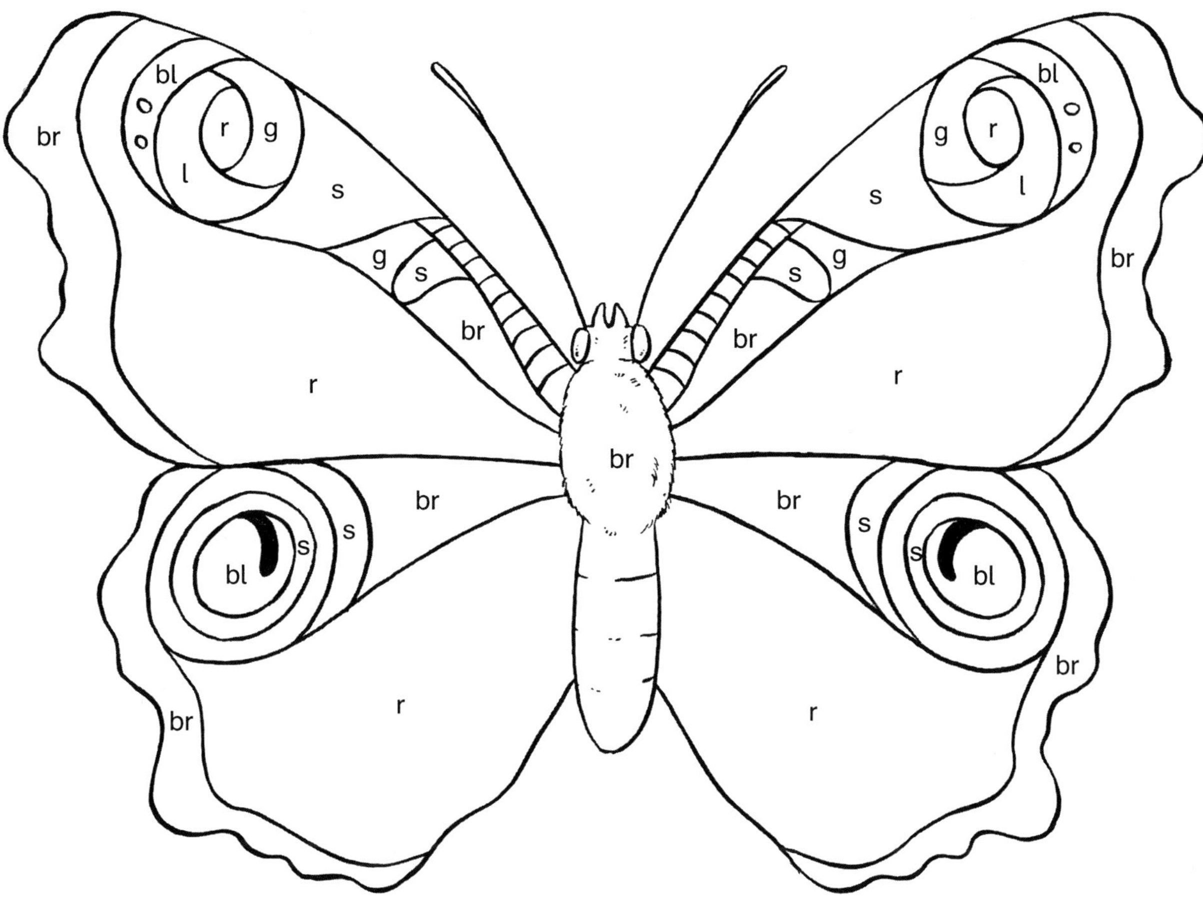

g = gelb
l = lila
r = rot
br = braun
bl = blau
s = schwarz

Das Tagpfauenauge hat ☐ große Kreise auf den Flügeln.

Aufgaben

1. Sieh dir den Schmetterling gut an.
2. Male die Felder richtig aus.
3. Wie viele Kreise siehst du? Schreibe in den Kasten.

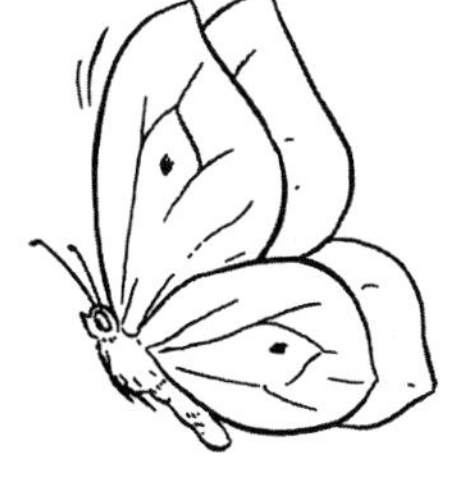

Name: ______________________________ Datum: ______________

Wie heißen die Schmetterlinge?

Aufgaben

1. Sieh dir die Bilder an.
2. Lies die Namen der Schmetterlinge.
3. Findest du sie oben in den Buchstaben? Kreise sie ein.
4. Schreibe die Wörter richtig auf die Linien.
5. Schneide die Bilder aus. Klebe sie an die richtigen Stellen.
6. Male die Schmetterlinge in den richtigen Farben an.

MHFLIDCINCNZITRONENFALTERLWOEN

UKLEINERFUCHSGMSJDLMHPAMDEFMSI

ADMDDFEAVTAGPFAUENAUGEDSFGNJK

IGIKMLETLJHFXAEADMIRALHJKKNKLPY

Kleiner Fuchs	**Admiral**	**Tagpfauenauge**	**Zitronenfalter**

Name: ______________________ Datum: __________

Tagfalter und Nachtfalter

Schmetterlinge nennt man auch Falter.
Es gibt **Tagfalter** und **Nachtfalter.** Tagfalter fliegen am Tag. Nachtfalter sind meistens nachts aktiv.

Tagfalter

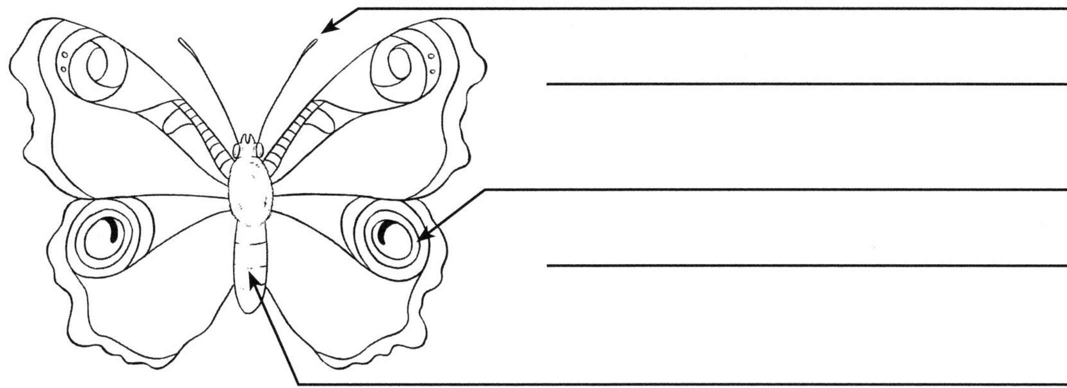

Nachtfalter

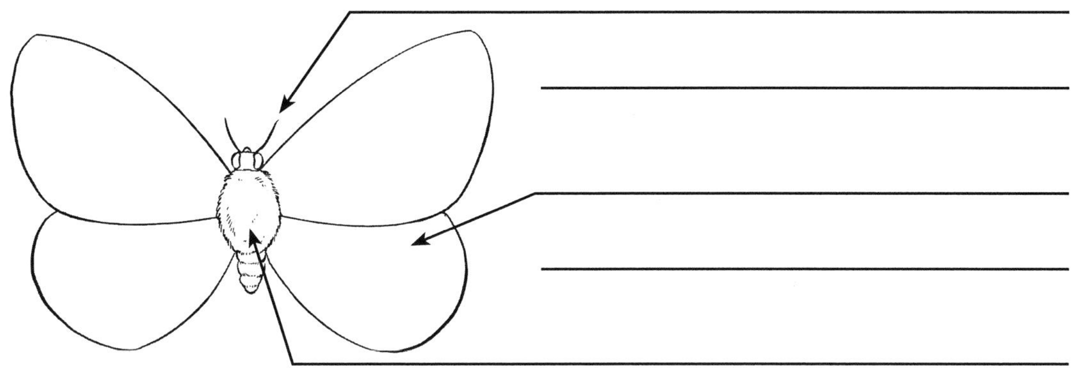

dicker Körper – Fühler: oben rund – oft braun oder grau –
schmaler Körper – Fühler: spitze Enden – bunte Flügelmuster

Aufgaben

1. Sieh dir den Tagfalter und den Nachtfalter gut an.
2. Lies die Wörter darunter und schreibe sie zu dem passenden Schmetterling.
3. Beschreibe den Tagfalter und den Nachtfalter in deinem Heft. Schreibe ganze Sätze. Die Wörter oben helfen dir.

Name: ______________________________ Datum: ______________

So sieht ein Schmetterling aus

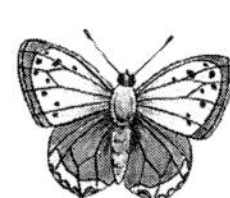

Aufgaben

1. Schneide die Puzzleteile aus. Setze sie richtig zusammen.
2. Klebe sie auf ein Blatt.
3. Lies die Wörter und verbinde richtig.
4. Male den Schmetterling dann an.

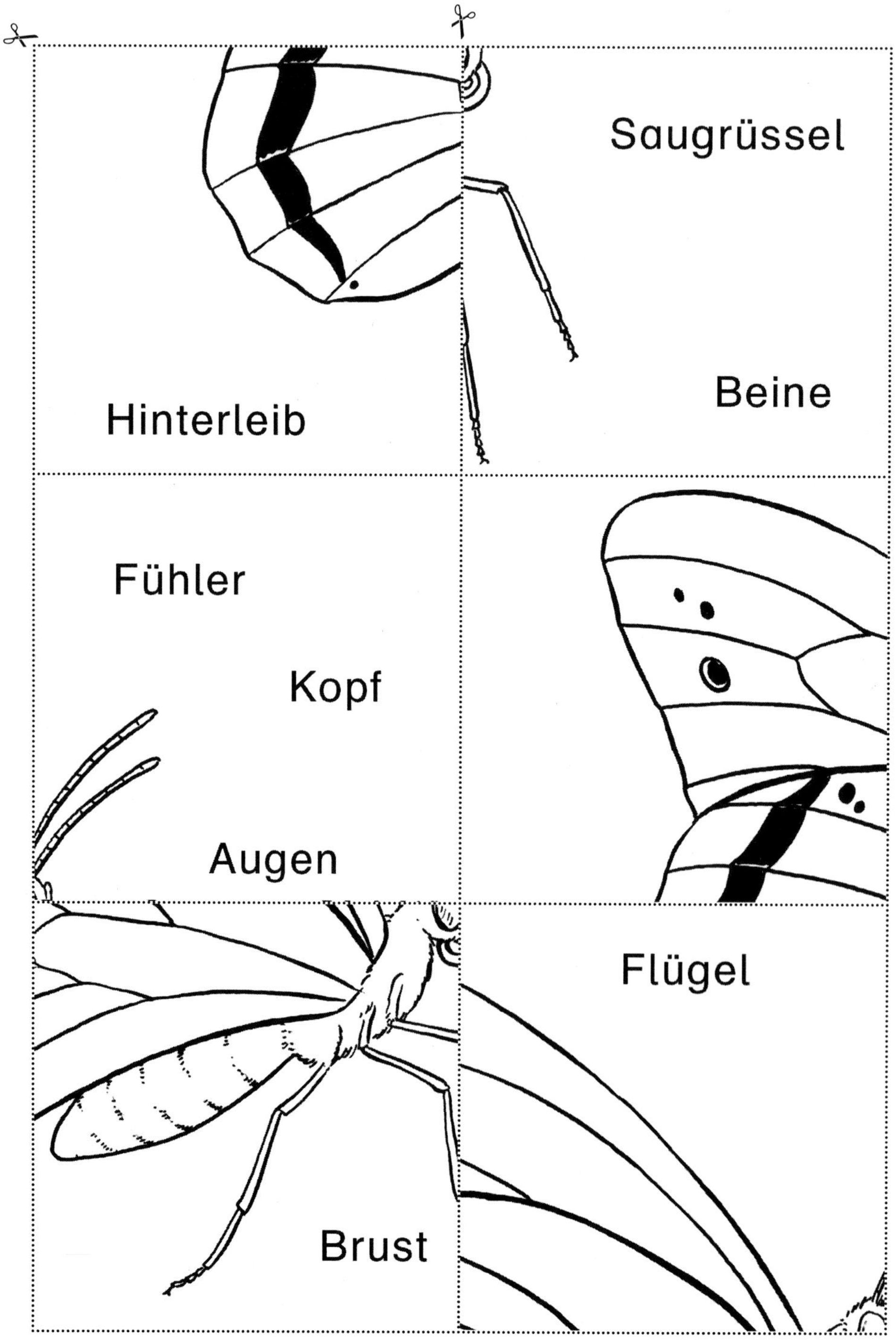

Saugrüssel
Hinterleib
Beine
Fühler
Kopf
Augen
Flügel
Brust

BVK • Teresa Zabori: Themenheft „Schmetterlinge“

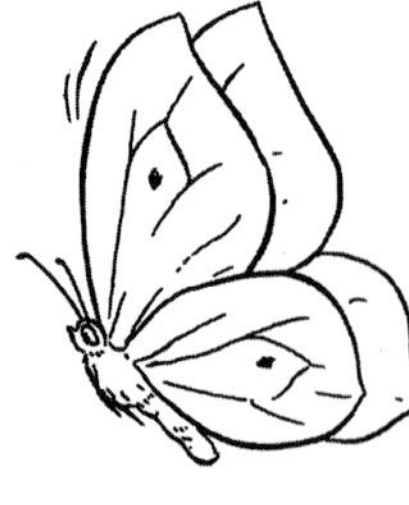

Name: ______________________ Datum: ______________

Die Körperteile des Schmetterlings

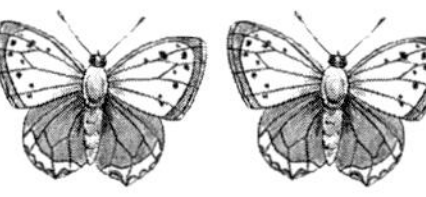

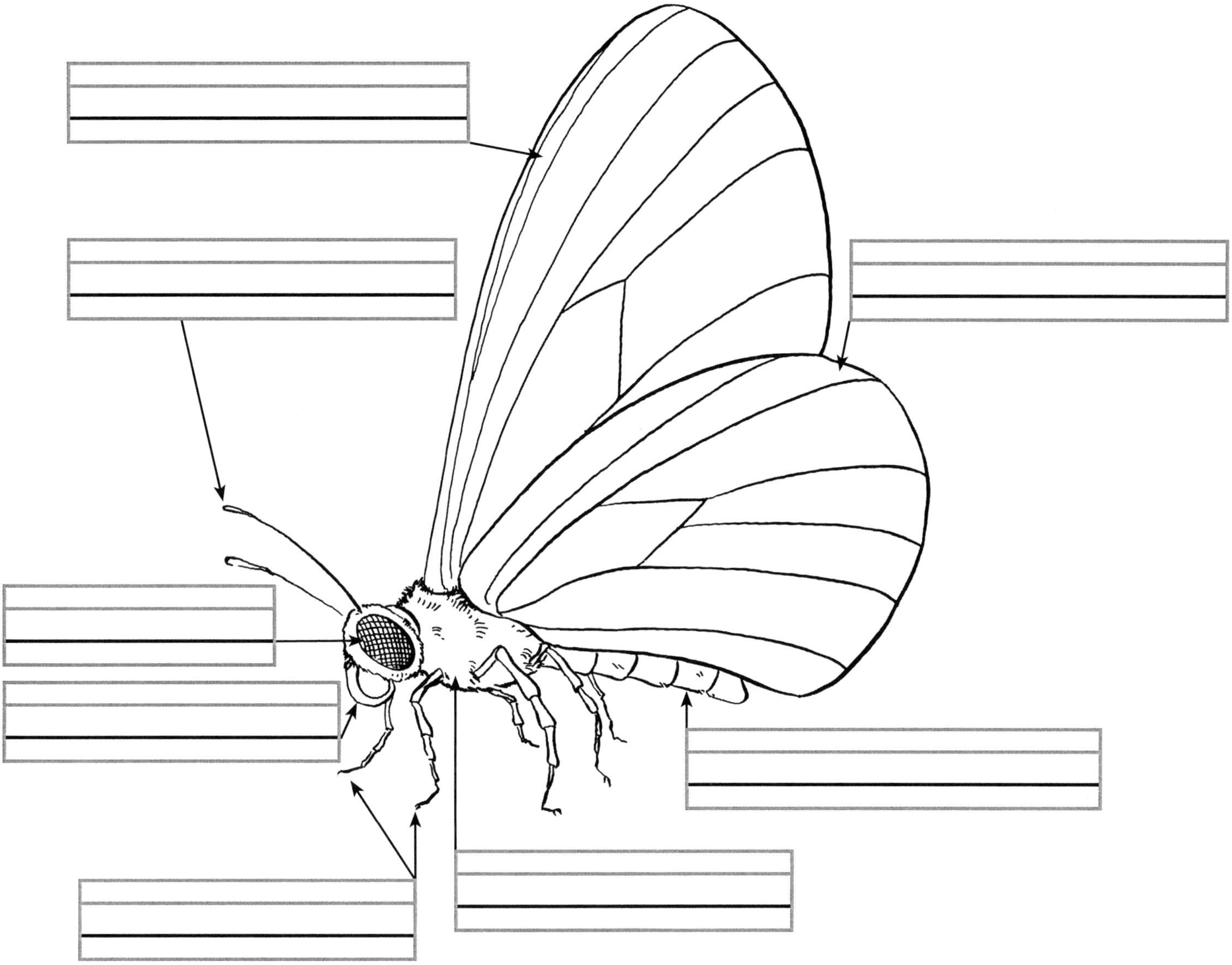

Augen – Fühler – Vorderflügel – Beine – Saugrüssel – Hinterleib – Brust – Hinterflügel

Aufgaben

1. Sieh dir den Körper des Schmetterlings gut an.
2. Lies die Wörter im Kasten.
3. Schreibe sie an die richtige Stelle auf die Linien.
4. Male den Schmetterling bunt an.

Name: ______________________ Datum: ____________

Ein Schmetterling unter der Lupe (1)

Mit den Fühlern riecht der Schmetterling.

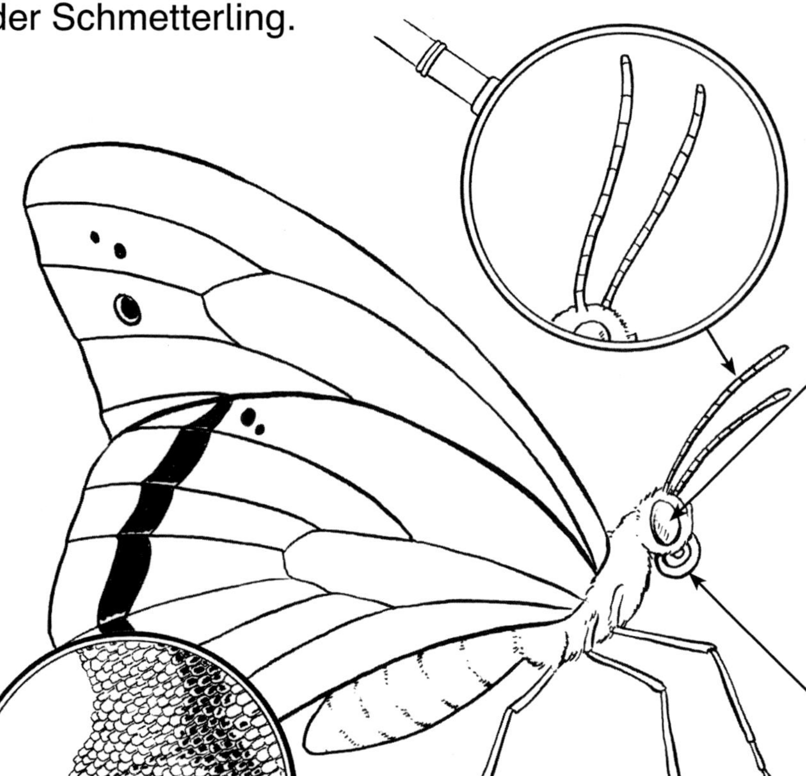

Ein Schmetterling hat Facettenaugen. Sie bestehen aus über tausend einzelnen Augen.

Die Flügel bestehen aus vielen bunten Schuppen.

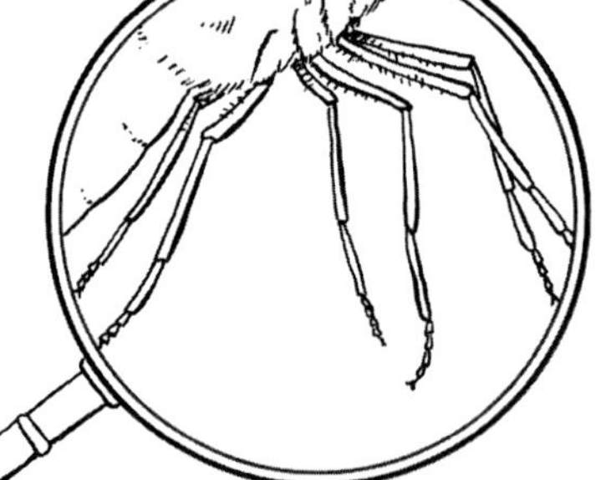

Mit dem Saugrüssel saugt der Schmetterling flüssige Nahrung auf.

Mit den Beinen kann der Schmetterling schmecken. So findet er seine Futterpflanzen.

Aufgaben

1. Sieh dir die Körperteile des Schmetterlings gut an.
2. Lies die Sätze neben den Lupen.

Name: ______________________________ Datum: ______________

Ein Schmetterling unter der Lupe (2)   

	richtig ☺	falsch ☹
1. Ein Schmetterling sieht mit zwei Augen wie wir Menschen.	A	I
2. Er hat Federn an den Flügeln.	M	N
3. Die Flügel bestehen aus vielen kleinen Schuppen.	S	O
4. Ein Schmetterling saugt die Nahrung mit einem Saugrüssel auf.	E	A
5. Mit seinen Zähnen zerkleinert er grüne Blätter.	L	K
6. Mit den Fühlern kann ein Schmetterling riechen.	T	S
7. Ein Schmetterling hat vier Beine.	I	E
8. Er kann mit den Beinen schmecken.	N	R

Lösungssatz: Schmetterlinge sind ___ ___ ___ ___ ___ ___ ___ ___ .
1. 2. 3. 4. 5. 6. 7. 8.

Aufgaben

3. Lies nun die Sätze oben. Sind sie richtig ☺ oder falsch ☹?
4. Umkreise den richtigen Buchstaben und schreibe das **Lösungswort** auf die Linien.

Name: ______________________________ Datum: ______________

Domino: Vom Ei zum Schmetterling

Aufgaben

1. Schneide die Karten an der gepunkteten .... Linie aus.
2. Lege das Domino richtig zusammen.
3. Lies die Wörter laut und klatsche die Silben.
4. Male an: = gelb, = hellgrün, = grün, = gelb.
5. Erzähle einem Partner, wie sich der Schmetterling entwickelt.

Start	**Ei**
er	**Rau**
pe	**Pup**
pe	**Schmetter**

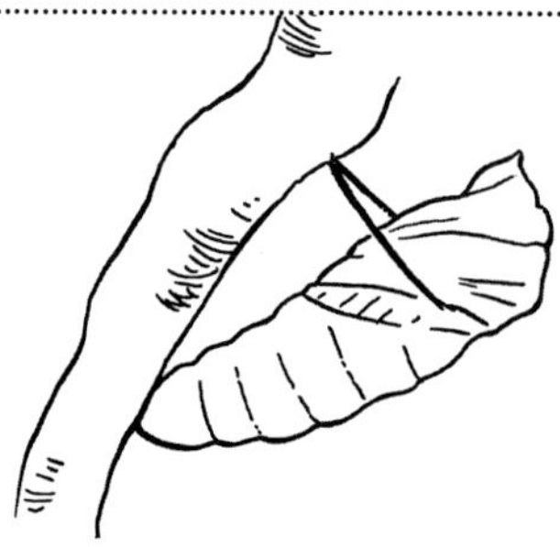

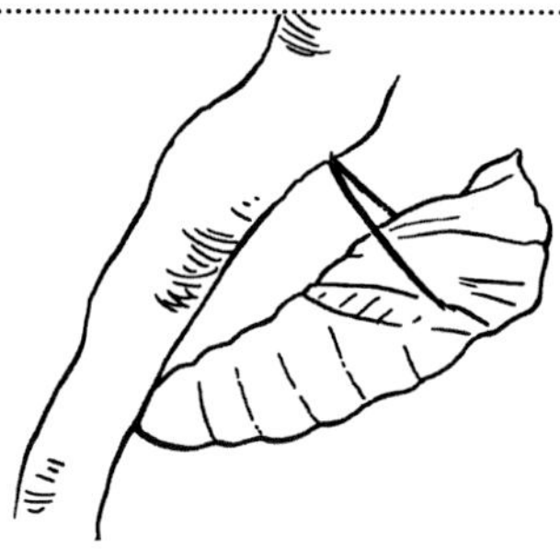

Ende
ling

BVK • Teresa Zabori: Themenheft „Schmetterlinge"

Rückseite Memospiel

Memospiel: Raupen und Schmetterlinge (1)

Memospiel: Raupen und Schmetterlinge (2)

Rückseite Memospiel

Name: ______________________ Datum: __________

Das Leben des Schmetterlings

1. Zwei Schmetterlinge ______________ sich.
2. Das Weibchen legt __________ auf ein Blatt.
3. Aus einem Ei schlüpft eine ______________ .
4. Die Raupe ______________ sehr viel.
5. Dann ______________ sie sich.
6. Ein ____________________ schlüpft aus der Puppe.

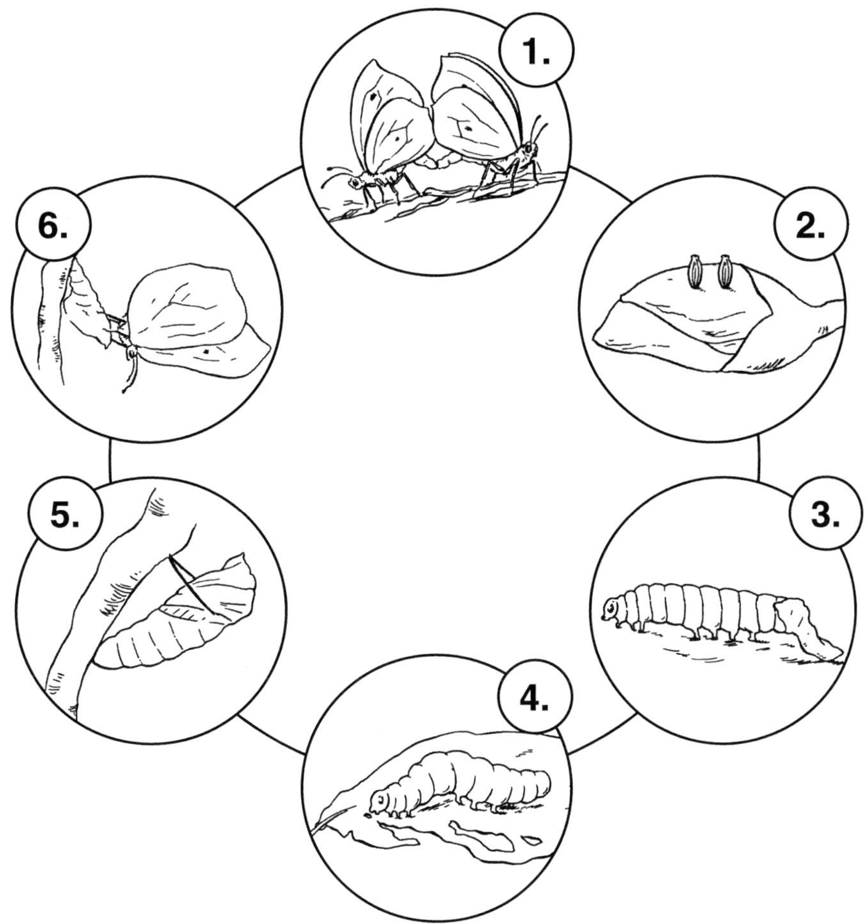

Aufgaben

1. Sieh dir die Bilder an.
2. Lies die Sätze.
3. Schreibe die richtigen Wörter auf die Linien.

   verpuppt – Schmetterling – frisst – Raupe – paaren – Eier

4. Erzähle einem Partner mit eigenen Worten, wie sich aus dem Ei ein Schmetterling entwickelt.

Name: ____________________ Datum: __________

Die Entwicklung des Zitronenfalters

1. 	Das Weibchen legt ein gelbes Ei auf eine grüne Knospe.
2. 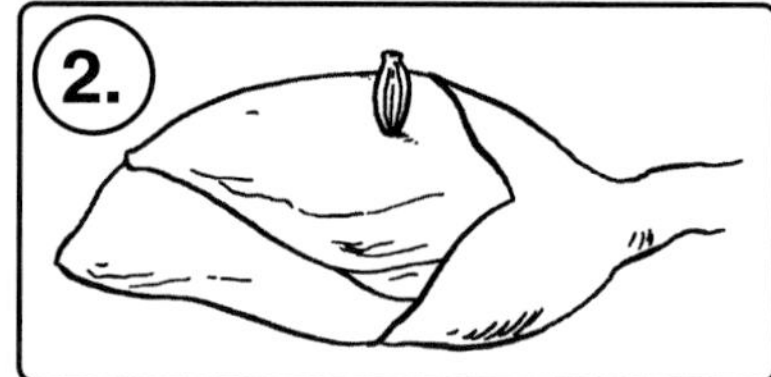	Die Raupe frisst sehr viel.
3. 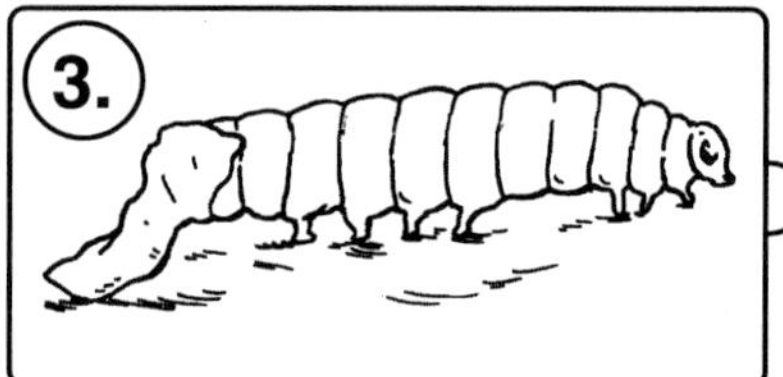	Im Frühling paaren sich die Zitronenfalter. Das Männchen ist gelb, das Weibchen ist hellgrün.
4. 	Nach etwa zehn Tagen schlüpft der gelbe Zitronenfalter.
5. 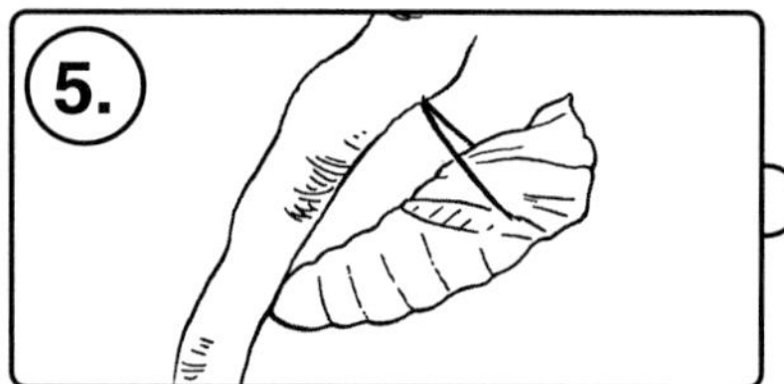	Aus dem Ei schlüpft eine hellgrüne Raupe.
6. 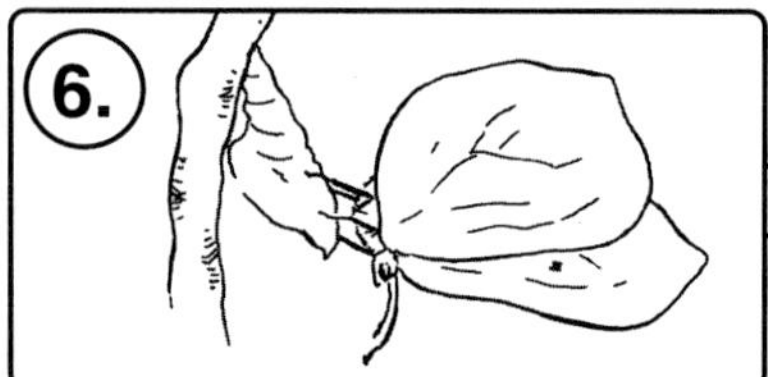	Er trocknet seine Flügel und fliegt davon.
7. 	Dann verpuppt sich die Raupe. Die Puppe ist grün.

Aufgaben

1. Schaue dir die Bilder gut an und lies die Texte.
2. Verbinde die Bilder mit den passenden Texten.
3. Male die Bilder in den richtigen Farben an.
4. Erzähle einem Partner, wie sich der Schmetterling entwickelt.

Name: ______________________________ Datum: ____________

Was fressen Raupen und Schmetterlinge?

Knospen

Nadeln

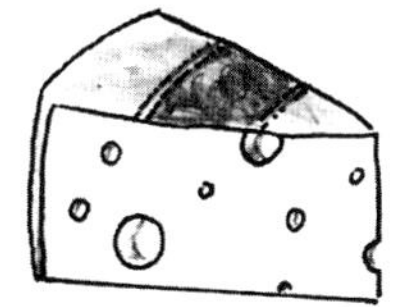

Käse

Löwenzahn

Brennnesseln

Eis

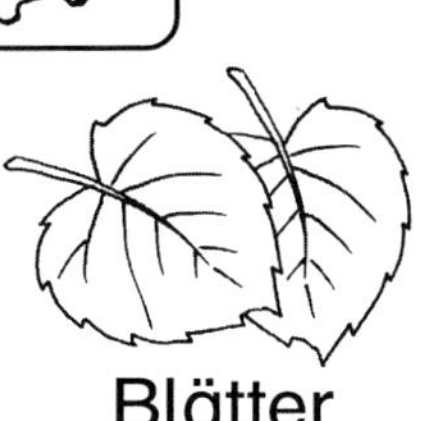

Blätter

Pizza

Milch

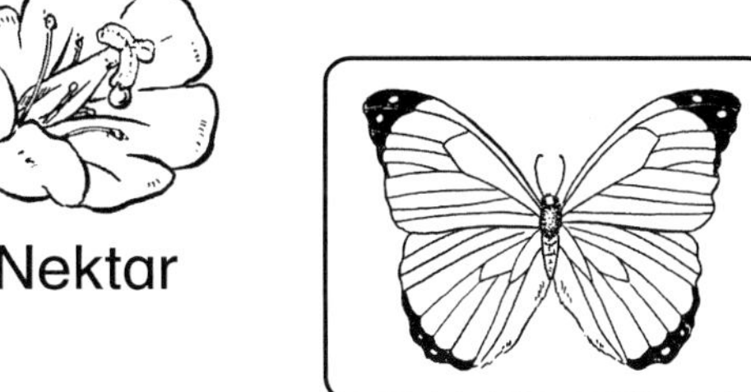

Nektar

altes Obst

Wasser aus Pfützen

Schokolade

Katzenfutter

Aufgaben

1. Sieh dir die Bilder gut an. Was frisst die Raupe? Wovon ernährt sich der Schmetterling? Verbinde.
2. Male die richtigen Bilder bunt an.
3. Streiche die falschen Bilder durch.

Zusatzaufgabe:

Male oder schreibe die Nahrung der Raupe und des Schmetterlings in dein Heft.

Name: ______________________________ Datum: ______________

Raupen sind immer hungrig

Aufgaben

1. Lies die Texte und schneide sie aus.
   Bringe sie in die richtige Reihenfolge.
2. Schreibe die passenden Zahlen in die Kästen.
   Wenn alles richtig ist, erhältst du ein **Lösungswort.**

Schreibe es hier auf: ___ ___ ___ ___ ___ ___
(1 2 3 4 5 6)

Die meisten Raupen schlüpfen vier- oder fünfmal aus ihrer Haut.

☐ Nun ist die Raupe weiter gewachsen. Sie häutet sich noch einmal.

☐ Danach ernährt sie sich von Blättern.

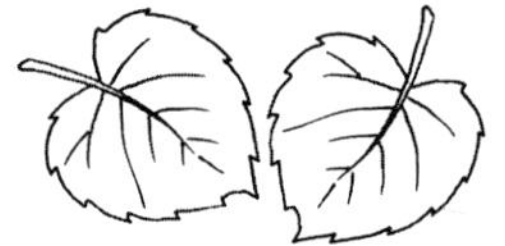

☐ Die Raupe frisst immer weiter.

☐ Zuerst frisst die Raupe nach dem Schlüpfen ihre Eischale auf.

☐ Die Raupe ist zu dick für ihre Hülle geworden. Sie kriecht aus ihrer Haut.

☐ Ist die Raupe groß genug, verpuppt sie sich.

N

BVK • Teresa Zabori: Themenheft „Schmetterlinge"

Name: ______________________________ Datum: ______________

Die Speisekarten von Raupen, Puppen und Schmetterlingen

Raupen fressen sehr viel: Sie ernähren sich von Blättern, Tannennadeln, Knospen und Blumen. Nach einiger Zeit verpuppen sich die Raupen. Als Puppe hängen sie bewegungslos an einem Ast. In dieser Zeit brauchen sie keine Nahrung.
Erwachsene Schmetterlinge können nur flüssige Nahrung aufnehmen. Ihr Saugrüssel funktioniert wie ein Strohhalm. Mit ihm saugen sie Nektar aus Blüten oder den Saft von Früchten, die am Boden liegen. Manchmal trinken Schmetterlinge auch Wasser aus Pfützen.

Speisekarte Raupen:	Speisekarte Puppen:	Speisekarte Schmetterlinge:
______________	______________	______________
______________	______________	______________
______________	______________	______________
______________	______________	______________
______________	______________	______________
______________	______________	______________

Aufgaben

1. Lies den Text.
2. Unterstreiche wichtige Informationen.
3. Trage in die Speisekarten die richtigen Dinge ein.

Zusatzaufgabe:
Jede Schmetterlingsart mag unterschiedliche Pflanzen und Blüten. Suche dir eine Art aus und finde heraus, welche Pflanzen die Raupen und Schmetterlinge mögen. Informationen dazu findest du in Sachbüchern oder im Internet. **Tipp:** *www.fragfinn.de*
Gestalte auf einem Blatt Papier eine Speisekarte für deinen Schmetterling.

Name: ______________________ Datum: ____________

Wo leben Schmetterlinge?

Schmetterlinge findest du hier: ______________________

____.

Hier leben Schmetterlinge nicht: ______________________

____.

Aufgaben

1. Schaue dir die Bilder an.
2. Fahre jeden Weg mit einer anderen Farbe nach.
3. Schreibe auf die Linien: Wo leben Schmetterlinge?
   Wo findest du keine Schmetterlinge?

Nachdenkaufgabe:
Was kannst du tun, damit Schmetterlinge sich im Garten wohlfühlen?

Name: ______________________ Datum: ____________

Die Feinde der Raupen und Schmetterlinge

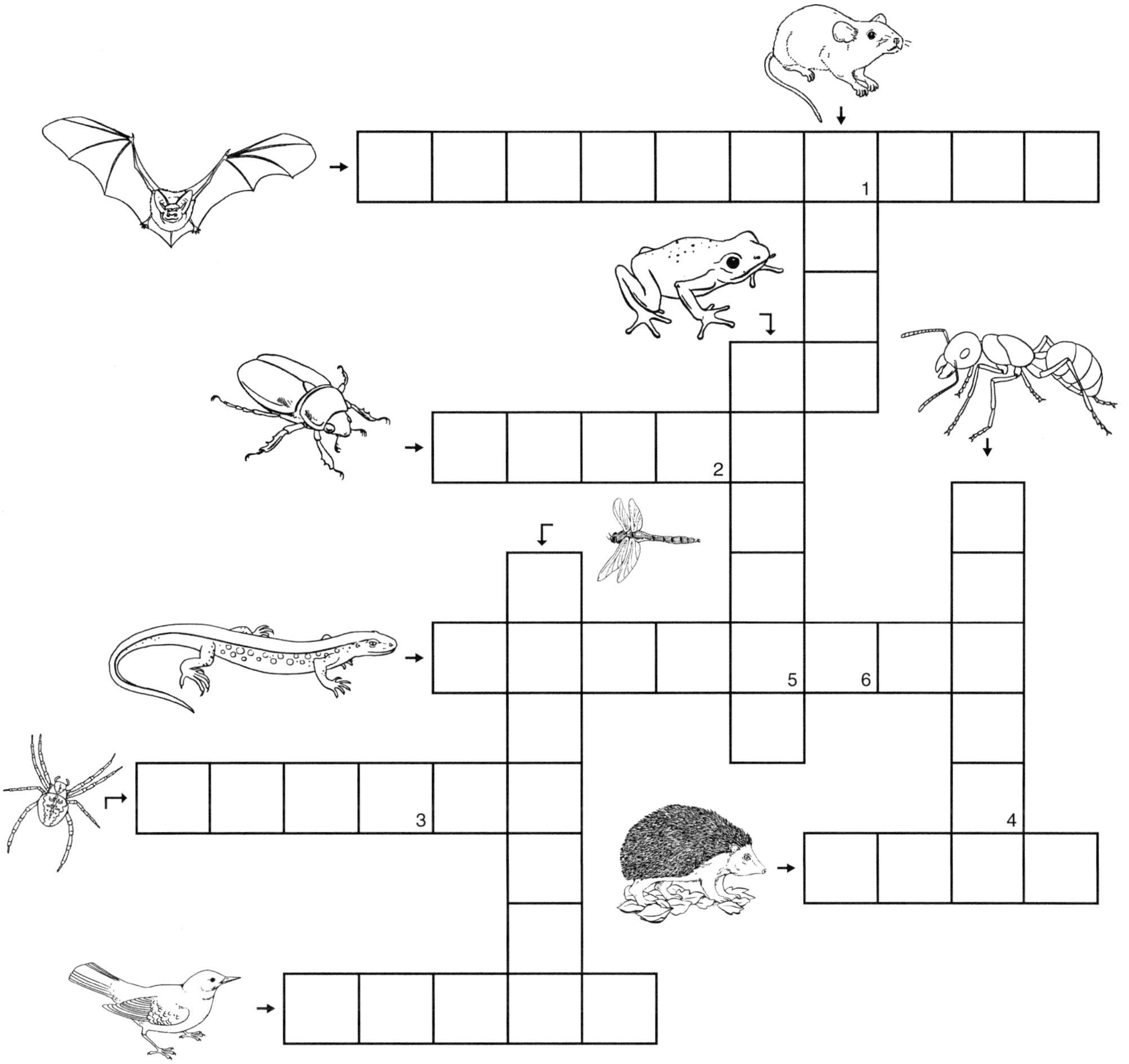

1 2 3 4 5 6

Lösungssatz: Der größte Feind der Schmetterlinge ist der

___ ___ ___ ___ ___ ___ .
1 2 3 4 5 6

Aufgaben

1. Schaue dir die Tiere an. Sie fressen Raupen oder Schmetterlinge.
2. Trage die Tiernamen richtig in das Kreuzworträtsel ein:
   Spinne – Vogel – Igel – Libelle – Eidechse – Käfer – Ameise – Frosch – Fledermaus – Maus
3. Schreibe das **Lösungswort** auf die Linien.

Name: ________________________ Datum: ____________

Schmetterlinge und Raupen – gut getarnt

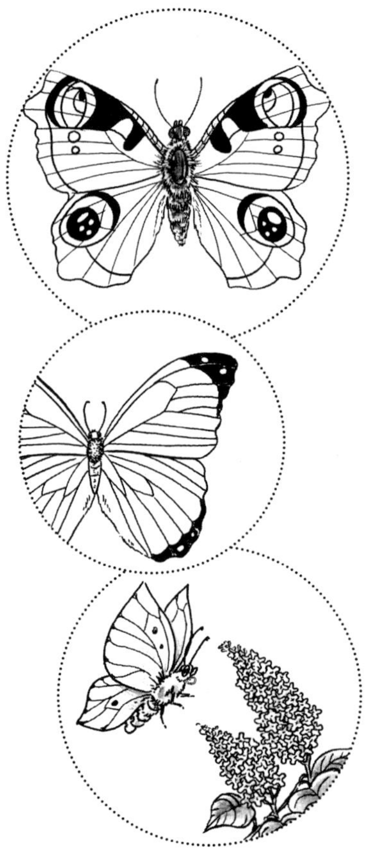

Schmetterlinge und Raupen leuchten oft in vielen Farben. Damit schützen sie sich vor Feinden. Viele Tiere, die bunte Muster auf ihrem Körper tragen, sind giftig. Manche Schmetterlinge und Raupen sind wirklich giftig, andere sehen nur so aus. Raupen haben oft die gleiche Farbe wie die Pflanzen, die sie fressen. So sind sie gut getarnt und werden von ihren Feinden nicht entdeckt.

Die Flügel der Schmetterlinge sind an den Außenseiten häufig braun gefärbt. Dadurch sieht man die Falter kaum, wenn sie sich auf einem Ast oder Baumstamm ausruhen und die Flügel zuklappen.

Manche Schmetterlinge haben runde Muster auf ihren Flügeln, die wie Augen aussehen. Mit diesen falschen Augen sehen sie wie ein anderes, größeres Tier aus – und vertreiben damit ihre Feinde.

Fragen:

1. Warum sind Schmetterlinge und Raupen oft bunt gefärbt?
2. Gibt es auch giftige Raupen und Schmetterlinge?
3. Warum haben viele Raupen die gleichen Farben wie ihre Futterpflanzen?
4. Welche Farbe haben die Außenseiten der Flügel oft? Warum?
5. Wozu dienen die Augen-Muster auf den Flügeln?

Aufgaben

1. Lies den Text.
2. Markiere wichtige Informationen.
3. Beantworte die Fragen in deinem Heft. Schreibe ganze Sätze.
4. Male ein Bild von einem Schmetterling oder einer Raupe, der oder die gut getarnt ist.

Name: ______________________ Datum: ______________

Was machen Schmetterlinge im Winter?

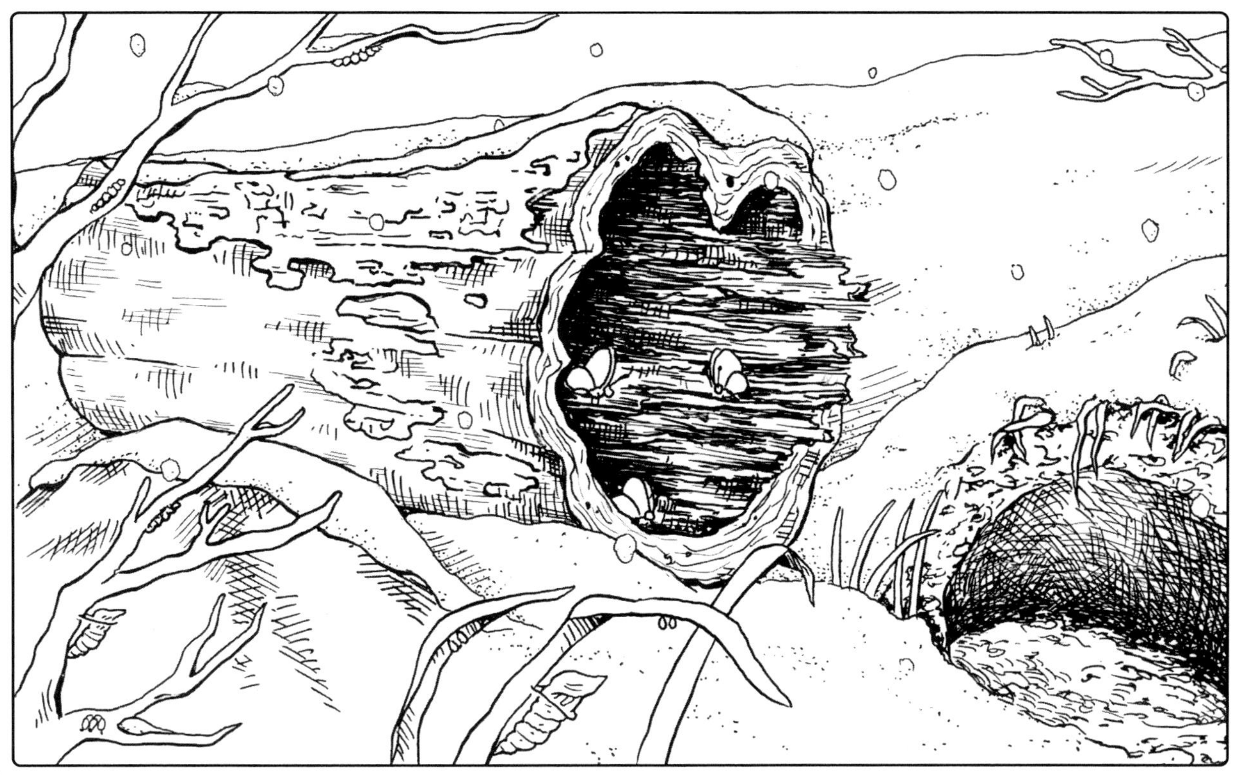

Aufgaben

1. Sieh dir das Bild gut an.
2. Umkreise: **Schmetterlinge – rot, Raupen – grün, Puppen – blau, Eier – gelb.**
3. Wie viele Schmetterlinge, Raupen, Puppen und Stellen, an denen sich Eier befinden, kannst du entdecken?
   Schreibe die Zahlen in die Kästchen.
4. Trage auf die Linien ein, wo Schmetterlinge, Raupen, Puppen und Eier den Winter verbringen.

Name: ______________________ Datum: ______________

Wie kannst du Schmetterlinge schützen?

Aufgaben

1. Schaue dir die Bilder genau an.
2. Wo fühlen sich Raupen und Schmetterlinge wohl?
   Umkreise die Bilder blau.
   Was ist schlecht für Raupen und Schmetterlinge?
   Umkreise diese Bilder rot und streiche sie durch.
3. Schreibe oder male in dein Heft, wie du Raupen und Schmetterlinge schützen kannst.

Name: ______________________________ Datum: ______________

Schmetterlinge malen

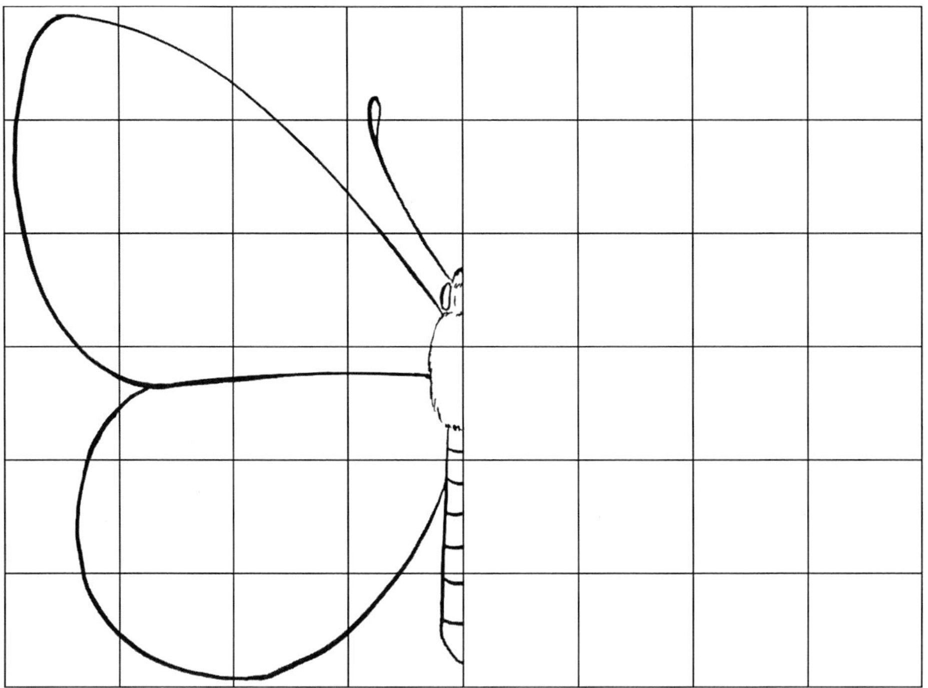

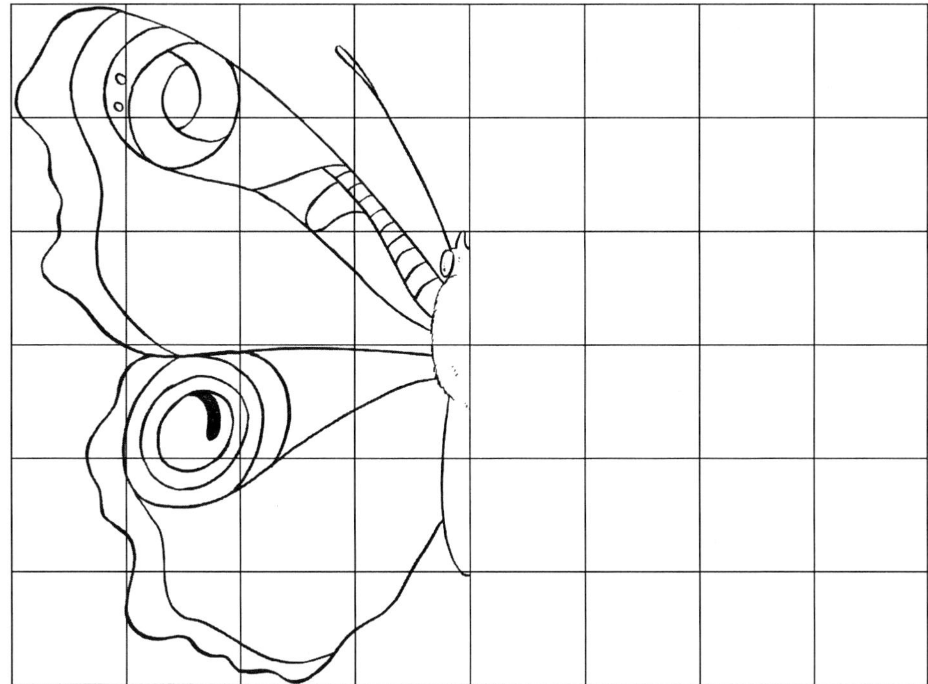

Aufgaben

1. Schaue dir die Bilder gut an. Suche dir einen Schmetterling aus.
2. Zeichne den Schmetterling zu Ende.
3. Male ihn dann bunt an.

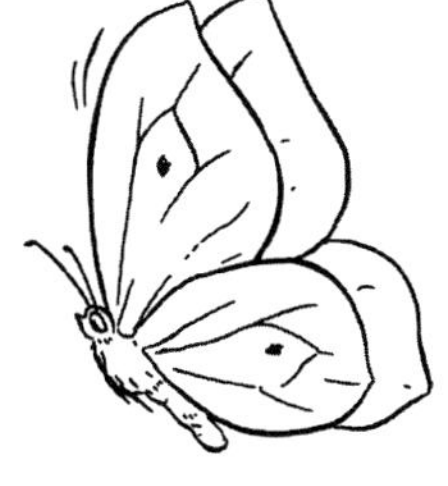

Name: ______________________ Datum: ____________

Was hast du behalten?

1. Schreibe die Körperteile auf die Linien.

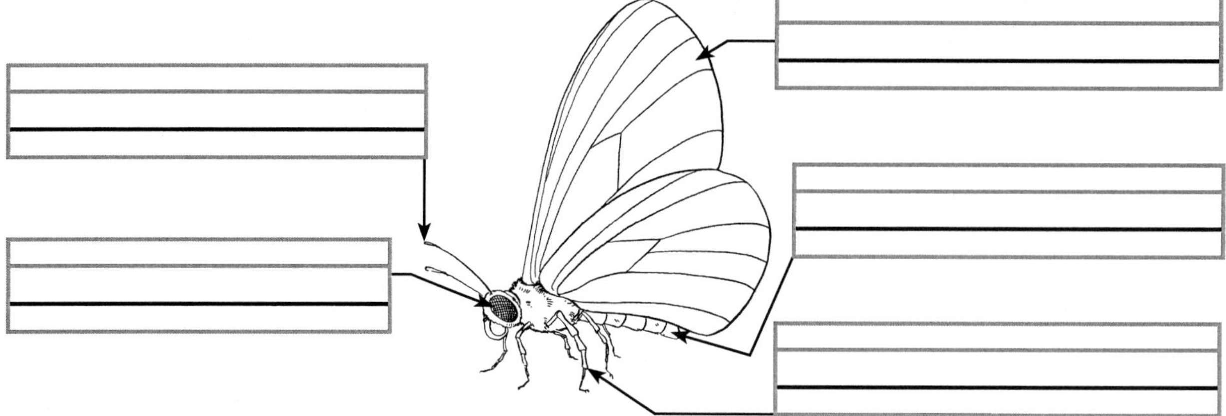

2. Nummeriere richtig von 1 – 4.

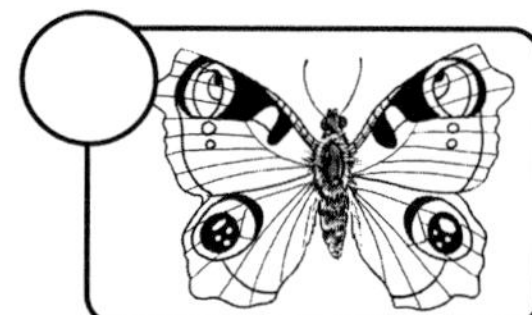
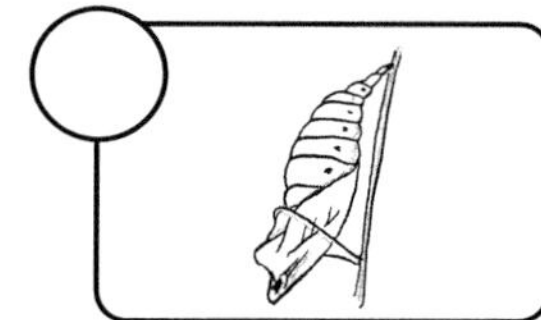

3. Was fressen Raupen? Kreise ein.

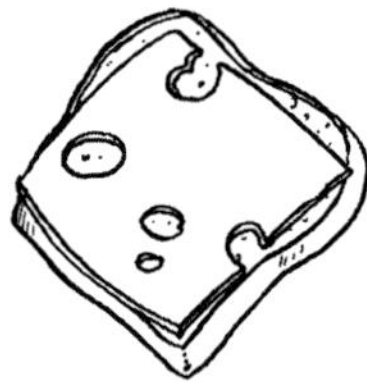

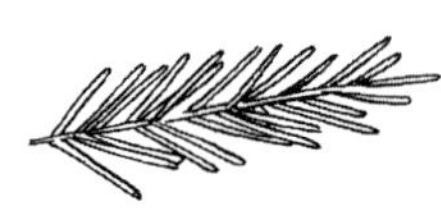

4. Wovon ernähren sich Schmetterlinge? Verbinde.

5. Male einen Schmetterling.

Lösungen

zu S. 7: „Das Tagpfauenauge"
Das Tagpfauenauge hat **4** Kreise auf den Flügeln.

zu S. 8: „Wie heißen die Schmetterlinge?"

Zitronenfalter

Kleiner Fuchs

Tagpfauenauge

Admiral

zu S. 9: „Tagfalter und Nachtfalter"

Tagfalter

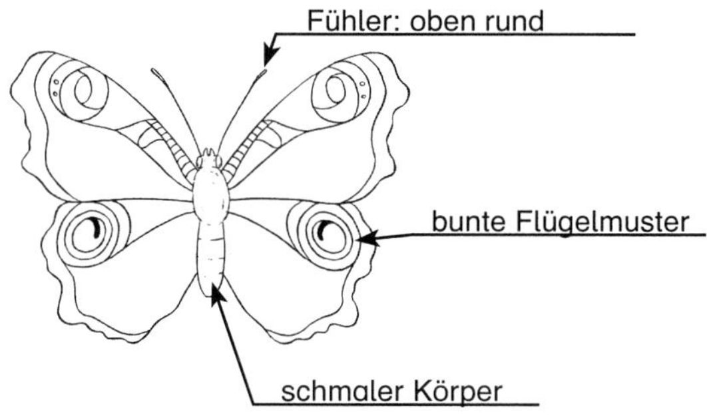

Nachtfalter

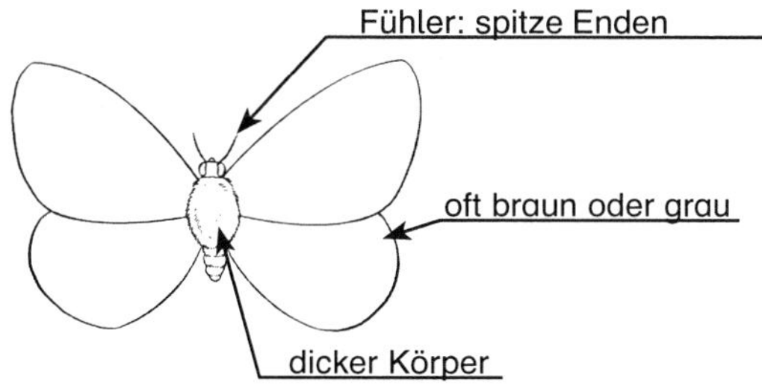

zu S. 10: „So sieht ein Schmetterling aus"

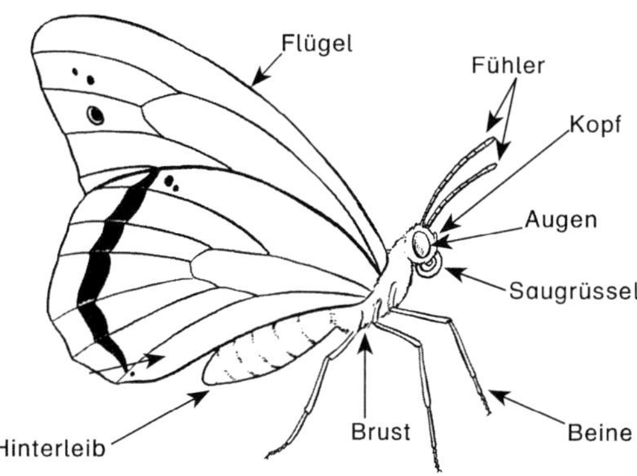

zu S. 11: „Die Körperteile des Schmetterlings"

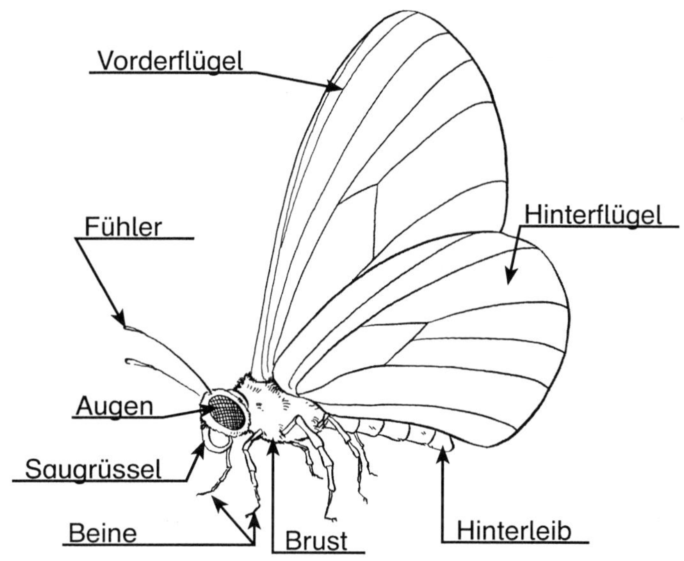

zu S. 13: „Ein Schmetterling unter der Lupe (2)"
Lösungssatz: Schmetterlinge sind **INSEKTEN.**

zu S. 15: „Das Leben des Schmetterlings"
1. Zwei Schmetterlinge **paaren** sich.
2. Das Weibchen legt **Eier** auf ein Blatt.
3. Aus einem Ei schlüpft eine **Raupe.**
4. Die Raupe **frisst** sehr viel.
5. Dann **verpuppt** sie sich.
6. Ein **Schmetterling** schlüpft aus der Puppe.

zu S. 16: „Die Entwicklung des Zitronenfalters“

Im Frühling paaren sich die Zitronenfalter. Das Männchen ist gelb, das Weibchen ist hellgrün.

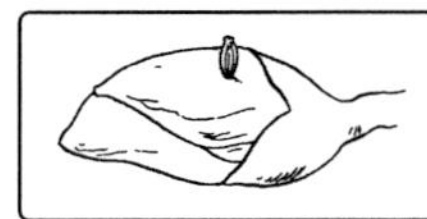

Das Weibchen legt ein gelbes Ei auf eine grüne Knospe.

Aus dem Ei schlüpft eine hellgrüne Raupe.

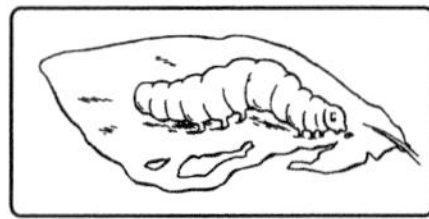

Die Raupe frisst sehr viel.

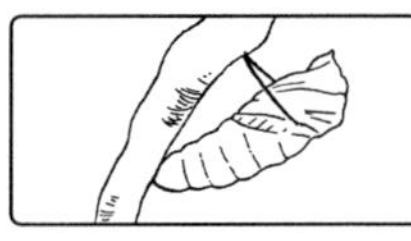

Dann verpuppt sich die Raupe. Die Puppe ist grün.

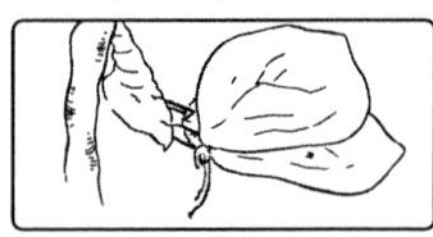

Nach etwa zehn Tagen schlüpft der gelbe Zitronenfalter.

Er trocknet seine Flügel und fliegt davon.

zu S. 17: „Was fressen Raupen und Schmetterlinge?“
Raupen fressen:
Knospen, Nadeln, Löwenzahn, Brennnesseln, Blätter

Schmetterlinge ernähren sich von:
Nektar, altem Obst, Wasser aus Pfützen

zu S. 18: „Raupen sind immer hungrig“
1. Zuerst frisst die Raupe nach dem Schlüpfen ihre Eischale auf.
2. Danach ernährt sie sich von Blättern.
3. Die Raupe ist zu dick für ihre Hülle geworden. Sie kriecht aus ihrer Haut.
4. Die Raupe frisst immer weiter.
5. Nun ist die Raupe weiter gewachsen. Sie häutet sich noch einmal.
6. Ist die Raupe groß genug, verpuppt sie sich.

Lösungswort: PUPPEN

zu S. 19: „Die Speisekarten von Raupen, Puppen und Schmetterlingen“
Raupen: Blätter, Tannennadeln, Knospen, Blumen
Puppen: /
Schmetterlinge: Nektar aus Blüten, Saft von Früchten, Wasser aus Pfützen

zu S. 20: „Wo leben Schmetterlinge?“
Schmetterlinge findest du hier: auf einer **Blumenwiese,** im **Wald** und in der **Hecke.**
Hier leben Schmetterlinge nicht: in der **Stadt** und auf **Rasen.**

zu S. 21: „Die Feinde der Raupen und Schmetterlinge“

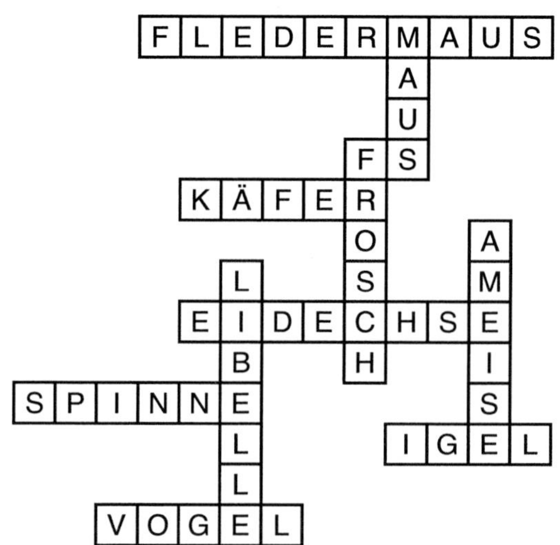

Der größte Feind der Schmetterlinge ist der MENSCH.

zu S. 22: „Schmetterlinge und Raupen – gut getarnt“
1. Durch ihre bunten Farben sind sie besser vor Feinden geschützt.
2. Ja, es gibt auch giftige Raupen und Schmetterlinge, manche sehen aber nur so aus.
3. Raupen haben oft die gleiche Farbe wie ihre Futterpflanze, damit sie besser getarnt sind.
4. Die Außenseite der Flügel sind oft braun, damit die Schmetterlinge auf Baumstämmen und Ästen schwerer zu erkennen sind.
5. Die Augen auf den Flügeln sehen wie die Augen von größeren Tieren aus, vor denen die Feinde der Schmetterlinge Angst haben.

zu S. 23: „Was machen Schmetterlinge im Winter?“

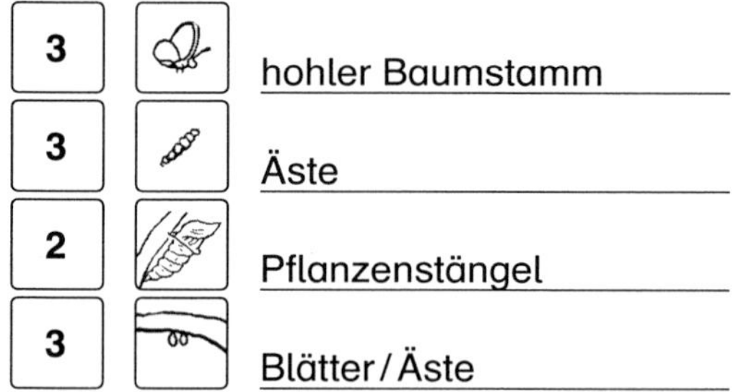

zu S. 24: „Wie kannst du Schmetterlinge schützen?“
Das ist schlecht für Raupen und Schmetterlinge:
- helle Laternen auf dem Gartentisch
- abgemähte Blumenwiesen
- Kinder, die Insekten zertreten
- Kinder, die Schmetterlinge einfangen

Das ist gut für Raupen und Schmetterlinge:
- Garten mit Blumenwiese, Schmetterlinge fliegen umher
- Brennnesseln